Additional Resources

All resources available through easyjapanesestories.com and on my "Russell Sensei" YouTube channel

Russell せんせい の たんぺんしゅう 1

A collection of short stories intended for complete beginners. Gradually introduced and frequently reused vocabulary and grammar allow for natural long term acquisition of Japanese

- Approx. 53 unique words*
- Each unique word used on average approx. 60 times**
- Multiple digital and paperback editions - Katakana/Kanji, Hiragana only, Gradually introduced hiragana(digital only).
- Digital teacher pack also available.

Lisa と にほん の がっこう

Lisa moves from Canada to Japan. On her first day of school, she learns more about Japan and hopes to make a friend. Will she end up with a friend? Or run away back to Canada.

- Approx. 75 unique words*
- Hiragana only – English used in place of Katakana
- Katakana/Kanji Edition also available
- Perfect for Beginners!

カイとプラネット０４０４

Kai thought he was just a normal kid, with a normal pet dog, and a normal father. Follow Kai as he leaves earth behind and discovers the truth about his family. Kai and his pet "dog" travel to Planet 0404 and take the first steps on their quest to stop Lucifer

- Approx. 112 unique words*
- Both Kanji and Katakana are used extensively, but furigana is provided.
- Intended for intermediate learners. (Approx. level 3)

Check my website and YouTube channel and sign up for my mailing list to be notified as new resources become available

*Unique word count does not include particles, English, Katakana, or multiple conjugations of the same word.
**This count is based on a combination of the book as well as the class stories from the teacher pack(sold separately)

Copyright © 2019 by Matthew Russell

All rights reserved. No part of this publication may be reproduced, distributed, or transmitted in any form or by any means, including photocopying, recording, or other electronic or mechanical methods, without the prior written permission of the author, except in the case of brief quotations embodied in critical reviews and certain other noncommercial uses permitted by copyright law. For permission requests, write to the author at easyjapanesestories@gmail.com

Quantity sales. Special discounts are available on quantity purchases by schools, bookstores, associations, and others. For details, contact the author at the email address above or visit: www.easyjapanesestories.com

Table of Contents

6章
お父さんはどこですか？..1
何ができますか？......4
大きいソンブレロ......7
したくないです........9

7章
上手じゃありません....13
ハーバードを買います...16
勉強したくないです....18
背が高いマリーナ......20

8章
妹の所に行きたい......24
ピンクの車..........27
眠いオリビア........31
優しくないフレッド....35

9章
怖いお父さん........40
パズルの家族........43
弟と妹のアート......48
クレジットカード....52

10章
englishgenius........57
ルークの宿題........61
食べに行きましょう....65
マジック　ヘッドホン...69

Glossaries
ひらがな・漢字........74
カタカナ..............79

6章

お父さん は どこ です か？

明日、私 は コンサート に 行きます。昨日、お父さん に 「コンサート に 行きたい です！コンサート は 高い です。 でも、行きたい です。」と 言いました。 「フィン、おはよう。」 「おはよう。コンサート に 行きたい です！」
お父さん は 私 の 好きな 音楽 が 好き じゃありません。でも、「フィン は 学生 です。 だから、私 も 行きます。」と 言いました。 私 は お父さん に 「ありがとう！嬉しい です！ありがとう！」と 言いました。でも、 嬉しくなかった です。友達 と コンサート に 行きたかった です。眠い お父さん と

お父さん は どこ です か?

行きたくなかった です。でも、コンサート に 行きたい です。だから、眠い お父さん と 行きます。

今日、眠い お父さん と コンサート に 行きます。でも、眠い お父さん は 家 に いません！ お父さん は どこ です か？ お父さん に メッセージ を しました。
「お父さん、どこ です か？コンサート に 行きたい です！」
お父さん は 私 に 「友達 の 家 に います。でも、フィン と コンサート に 行きます よ。」と 書きました。
でも、お父さん は 家 に いませんでした。だから、私 は 友達 と コンサート に 行きました。お父さん は 私 に メッセージ を しました。でも、その メッセージ を 見ませんでした。明日 見ます。コンサート は 楽しかった です！
お父さん の メッセージ：

6章

「フィン、どこ に います か？友達 が VIP の チケット を くれました よ。フィン に も あげたい です よ。バンド と 他 の VIP と パーティー を します よ！フィン は どこ です か？メッセージ を して下さい！」

何 が できます か？

元気な 女の子 が 高い レストラン に いました。その 元気な 女の子 は お父さん に 「私 は ダンス が したい です。」と 言いました。でも、お父さん は 「高い レストラン で ダンス は できません よ。」と 言いました。
「大きい ピザ を 食べたい です。」
「それ は できません。」
「高い レストラン で 食べません か？」
「インド の レストラン で ピザ を 食べません。」
「でも、大きい ピザ を 食べたい です！！！ダンス が したい です！！！」
「できません！他 に 何 を 食べます か？」
「サッカー を したい です。」

6章

「サッカー は できません！ピザ も 食べません！ダンス も できません！」
「私 は 何 が できます か？」
「アート が できます。」
そして、お父さん は レストラン の 人 に 「青い クレヨン と プレースマット を 下さい。」と 言いました。でも、レストラン の 人 は 「クレヨン も プレースマット も ありません。」と 言いました。
お父さん は 「え！？クレヨン が ありません？マーカー を 下さい！」と 言いました。そして、レストラン の 人 は お父さん に 茶色い マーカー を あげました。お父さん は レストラン の 人 に 「ありがとう。」と 言いました。そして、お父さん は その マーカー を 元気な 女の子 に あげました。
それから、その お父さん と 元気な 女の子 は 美味しい カレー を 食べました。でも、お父さん は 嬉しくなかった です。元気な 女の子 は 茶色い マーカー で 大きい ハート を

何 が できます か？

書きました。お父さん の マックブック に 書きました！そして、元気な 女の子 は お父さん に 「パーマネント と は 何 です か？」と 聞きました。

「パーマネント？」

「これ は 茶色い パーマネント マーカー です。」

「え！？パーマネント マーカー！！？？」

6章
大きい　ソンブレロ

変な　学生　が　います。その　変な　学生　は　大きい　ソンブレロ　が　欲しい　です。昨日、その　変な　学生　は　お母さん　と　メキシコ　に　いました。楽しかった　です。でも、今日　は　日本　の　さっぽろ　に　います。

その　変な　学生　は　学校　に　行きました。それから、学校　で　友達　に　「私　は　お母さん　と　メキシコ　に　行きました。メキシコ　で　大きい　ソンブレロ　を　見ました。欲しい　です！」と　言いました。でも、その　友達　は　「ソンブレロ？日本　で？それ　は　変　です　よ。」と　言いました。変な　学生　は　嬉しくなかった　です。そして、変な　学生　は　友達　に「週末、メキシコ　に　行きたい　です！」　と　言いました。

大きい ソンブレロ

「メキシコ に 行きます か?」

「私 は 学生 です よ。行きません よ。でも、行きたい です!」

「でも、行きません ね。明日 ソンブレロ を あげます。」

「え?あります か?!くれます か?!ありがとう!!!」

そして、その 友達 は 家 で アマゾン を 見ました。アマゾン に 青い ソンブレロ が ありました!アマゾン の 青い ソンブレロ を 変な 学生 に あげました。変な 学生 は その 青い ソンブレロ を 見ました。でも、 嬉しくなかった です。

変な 学生 は 友達 に「これ は 大きくない 青い ソンブレロ です。私 は 大きい 茶色い ソンブレロ が 欲しかった です よ!」と 言いました。そして、 変な 学生 は 友達 に「メキシコ に 行きたい です!明日、行きます!!」と 言いました。

6章
したくない です

私 の 大きい 家 に 楽しい お母さん と 楽しくない お父さん が います。私 は お母さん も お父さん も 好き です。でも、お父さん は 楽しくない 人 です。昨日、お父さん は 「ミア、明日 楽しい パーティー に 行きたい です か?」と 聞きました。
「どこ で パーティー を します か?」
「ウィル の 家 で パーティー を します。」
「行きたくない です。」
ウィル は 楽しくない お父さん の 楽しくない 友達 です。明日 は 週末 です。だから、明日 友達 の パーティー に 行きたい です。ウィル の 楽しくない パーティー に 行きたくない です。

それから、楽しい お母さん が 私 に 「ミア、週末 大きい パーティー に 行きたい です か?」と 聞きました。

「どこ で パーティー を します か?」
「テイラー の 友達 の 家 で パーティー を します。」
　　　　　　したくない　です
「行きたくない です。」
お母さん は 楽しい です。でも、友達 の テイラー は 変な 人 です。テイラー は パーティー で みんな と 変な ダンス を したい です。私 は 変な ダンス を したくない です。私 は 変 に なりたくない です。週末、 楽しくない お父さん は 「ミア、今日 は 楽しい パーティー に 行きます よ。ミア は 行きたくない です ね?」と 聞きました。
そして、 楽しい お母さん も 「ミア、今日 は 大きい パーティー に 行きます よ。ミア は 行きたくない です ね?」と 聞きました。
お父さん と お母さん に 「行きたくない です

6章

よ。他の パーティー に 行きます。友達 の 楽しい パーティー に 行きます。私 は お父さん と お母さん と パーティー を したくない です よ。」と 言いました。

でも、私 の 友達 は パーティー を キャンセルしました。だから、私 は パーティー に 行きませんでした。家 で ユーチューブ を 見ました。ユーチューブ で テレビゲーム の ビデオ を 見ました。私 は テレビゲーム を したい です。でも、できません。私 は 学生 です。テレビゲーム の コンソール は 高い です。だから、ユーチューブ で 見ます。
ユーチューブ の ライブ も 見ました。テイラー・スウィフト と ウィル・スミス の パーティー の ライブ でした。

したくない です

ウィル は 「これ は ラジオ の コンテスト の パーティー です。ラジオ の コンテスト の ウィナー は ジョン と メーガン と ミア です。」と 言いました。
ええ！！？？それ は 私 の お父さん と お母さん です！！
そして、 テイラー・スウィフト は 私 の お母さん に 「メーガン、ミア は どこ です か？」と 聞きました。
お母さん は 「ミア は ウィル と テイラー の パーティー に 『行きたくない！』と 言いました。」と 言いました。
お母さん！！！その ウィル と その テイラー の 楽しい パーティー に 行きたい です よ！！

7章

上手　じゃありません

元気な　女の子　が　いました。日本　の　おきなわ　に　いました。その　元気な　女の子　は　楽しい　スポーツ　が　好き　でした　が、上手　じゃありません　でした。その　元気な　女の子　は　友達　に　「明日　は　週末　です。明日　楽しい　スポーツ　を　したい　です。私　と　サッカー　を　しますか？」と　聞きました　が、その　友達　は　「サッカー　は　好き　です　が、サリー　は　サッカー　が　上手　じゃありません。他　の　友達　と　して下さい。」と　言いました。

だから、サリー は 他 の 友達 の 家 に 行きました。

サリー は その 友達 に 「明日 は 週末 です。明日 楽しい スポーツ を したい です。私 と ゴルフ を します か?」と 聞きました。その 友達 は 「ゴルフ は 好き です が、サリー は ゴルフ が 上手(じょうず) じゃありません。他 の 友達 と して下さい。」と 言いました。サリー は 嬉しくなかった です。友達 と スポーツ を したかった です。でも、他 に 友達 が いませんでした。だから、サリー は 「私 は 友達 を 買います。その 友達 と 楽しい スポーツ を します。」と 言いました。

サリー は ニンテンドー の ウィー を 買いました。サリー は ニンテンドー で ウィースポーツ を しました。上手 じゃありません でした が、大丈夫 でした。ニンテンドー は 「サリー

7章

は 上手 じゃありません。」と 言いませんでした。だから、サリー は 嬉しかった です。サリー は 「ニンテンドー が 好きです。他 の 友達 は 欲しくない です。」と 言いました。

ハーバード を 買います
<small>ハーバード を 買(か)います</small>

僕 は 英語 が 上手 じゃありません。昨日、僕 の 変な 英語 の 先生 は 「ロブ、5ページ の レポート を 書いて下さい。」 と 言いました が、私 は それ が できません。だから、家 で 眠い お母さん と ちょっと 話しました。
「お母さん、ハーバード に 行きたい です。でも、英語 が 上手 じゃありません。僕 の 英語 は 変 です。」
「ロブ、大丈夫 です。」
「大丈夫 です か?」
「そう です よ。大丈夫 です。ロブ は ハーバード に 行きます。」

今日、眠い お母さん は 僕 の 大きい 学校 を 買いました。僕 は 英語 の レポート が できませんでした が、英語 の 先生 は 僕 に A+ を くれました。僕 は 勉強 を しませんで

7章

した が、先生 の みんな は 僕 に A+ を くれました。先生 の みんな は 嬉しくなかった です が、僕 は 嬉しかった です。僕 は ハーバード に 行きます！

ハーバード は 僕 に メール しました。
「ロブ の 英語 の 先生 が ハーバード に メール しました。ロブ は 英語 が 上手 じゃ ありません。だから、ハーバード の 学生 に なりません。」
僕 の お母さん も その メール を 見ました。僕 に 「大丈夫 です。ハーバード を 買います。」と 言いました。
でも、ハーバード は 高かった です。だから、お母さん は ハーバード を 買いませんでした。ハーバード の 茶色い セーター を 買いました。

勉強したくない です

昨日、僕 は 勉強 を しました。今日 も 勉強 を しました。明日 は 週末 です。週末 に 勉強 を したくない です。僕 は 学校 が 好き です が、家 で 勉強 を したくない です。好き じゃありません。だから、ちょっと お父さん と 話しました。

「お父さん、明日 は テレビゲーム を したい です。」

「そう です か？」

「そう です よ。昨日 も 今日 も 勉強 を しました。明日 は 週末 です よ。」

「テレビゲーム？この レポートカード を 見ました か？」

「見ました よ。僕 は 英語 が 上手 です よ ね。」

「そう です ね。英語 は A+ です が、この A- も 見ました か？」

お父さん は 「明日 日本語 を 勉強して下さい。」と 言いました が、僕 は ちょっと

7章

テレビゲーム も しました。楽しかった です が、楽しくない 弟 が 僕 を 見ました。楽しくない 弟 は お父さん に 言いました。だから、お父さん は 弟 に 僕 の テレビゲーム を あげました。

お父さん に 「お父さん、僕 が その テレビゲーム を 買いました よ！」と 言いました が、お父さん は 僕 に くれませんでした。お父さん は 僕 に チケット を くれました。お父さん は 「日本 に 行って下さい。日本 で 日本語 を 勉強して下さい。」と 言いました。

背が高い　マリーナ

背が高い　女の子　が　います。その　背が高い　女の子　は　マリーナ　です。背が高い　マリーナ　は　バスケットボール　が　好き　です。バスケットボール　が　上手　です　が、バスケットボール　の　プロ　になりません。バスケットボール　の　プロ　になりたくない　です。背が高い　マリーナ　は　勉強したい　です。　先生　に　なりたい　です。

今日、背が高い　マリーナ　は　弟　と　話しました。
「ビリー、バスケットボール　は　楽しい　ですが、プロ　に　なりたくない　です。」
「え？プロ　に　なりたくない　です　か！？僕　も　僕　の　友達　も　プロ　に　なりたい　です　よ。みんな　プロ　に　なりたい　です　よ。」

7章

背が高い マリーナ は 「え！？ビリー？バスケットボール の プロ？でも、ビリー は バスケットボール が できません よ、、」と 言いたかったです。でも、言いませんでした。背が高い マリーナ は 「そう です ね。バスケットボール は 楽しい です ね。」と 言いました。

それから、背が高い マリーナ は 学校 に 行きました。好きな 音楽 の 先生 と 話しました。
「先生、おはようございます。」
「マリーナ、おはよう。」
「先生、私 は 学校 で バスケットボール を します。バスケットボール は 楽しい です。」
「そう です ね。マリーナ は バスケットボール が 上手 です ね。」
「ありがとうございます。でも、私 は バスケットボール の プロ に なりたくない です。私 は 勉強したい です。先生 に なりたい です。」
でも、先生 は 「学校 は 楽しい です よ。」と 言いませんでした。先生 は 「バスケットボー

背が高い マリーナ

ル は 楽しい です ね。でも、学校 も 楽しい です か？勉強 も 楽しい です か？」と 聞きました。
背が高い マリーナ は 「学校 は 楽しい ですよ。勉強 も 楽しい です よ。」と 言いました。音楽 の 先生 は 「えええ？そう です か？」と 言いました。背が高い マリーナ は 音楽 を 勉強したい です。バスケットボール も したい です。でも、昨日、 勉強しました。今日 は バスケットボール を します。
それから、背が高い マリーナ は バスケットボール の ゲーム に 行きました。背が高い マリーナ の コーチ は 「マリーナ、 大丈夫 です か？今日 は プロ の スカウト が います よ。」と 言いました。背が高い マリーナ は 「大丈夫、、、？大丈夫 じゃありません。プロ に なりたくない です。今日 は バスケットボール を したくない です。」と 言いました。背が高い マリーナ は コーチ に バスケットボール の 茶色い ユニフォーム を あげました。コーチ は

7章

「え?どこ に 行きます か?何 を します か?」と 聞きました。背が高い マリーナ は 「私 は 勉強 を します。私 は 先生 に なります!」 と 言いました。

妹 の 所 に 行きたい
8章

妹 の 所 に 行きたい

僕 は 英語 も 日本語 も 上手 じゃありません。僕 の 先生 は 昨日 も 今日 も 「家 で 勉強して下さい。」と 言いました。明日 も 「家 で 勉強して下さい。」と 言います。僕 は この 学校 が 好き じゃありません。妹 の 所 に 行きたい です。妹 の 先生 は 優しい です。僕 の 学校 の 先生 は 優しくない です。

今日、妹 と ちょっと 話しました。
「ミア、今日 は 学校 で 何 を しました か?」
「ジェリー、今日 は 楽しかった です。アート と 音楽 と ストーリータイム を しました よ。それから、美味しい スナック を 食べました。」

8章

「そう です か?僕 も 美味しい スナック を 食べたい です。」

そして、僕 は お父さん の 所 に 行きました。

「お父さん、僕 は 妹 の 学校 に 行きたい です。」

お父さん は 「オーケー」 と 言いませんでしたが、僕 は 妹 の 学校 に 行きました。

妹 の 先生 は 優しかった です。アート も 音楽 も 楽しかった です。でも、美味しい スナック を 食べませんでした。妹 の 優しい 先生 は 僕 と 話しました。

妹 の 所 に 行きたい

「私 は ジェリー の 先生 に メール しました。日本語 の 先生 も、英語 の 先生 も メール で ジェリー の レッスン を 書きました。他 の みんな は スナック を 食べます。でも、ジェリー は 他 の 所 で 日本語 と 英語 を 勉強します。」

8章
ピンク の 車

僕 は 優しい 人 です。だから、弟 に も 妹 に も 車 を あげました。僕 の 元気な 妹 は 「ありがとうございます！」と 言いました。弟 も 車 を 見ました が、「ありがとうございます。」と 言いませんでした。変な 弟 は 「僕 は この 茶色い 車 が 好き じゃありません。」と 言いました。僕 の 元気な 妹 は 「私 の 白い 車 を あげます よ。白い 車 は 好き です か？」と 聞きました が、弟 は 「白 は 好き じゃありません。僕 は ピンク が 好き です。ピンク の 車 が 欲しい です。」と 言いました。僕 は 嬉しくなかった です が、それから 変な 弟 と ハワイ の 車 の ディーラー に 行きました。

ピンク の 車 が 見えま せんでし

ピンク の 車

た。だから、車 の セールスマン と ちょっと 話しました。
「おはよう ございます。」
「おはよう ございます。」
「僕 の 弟 は ピンク の 車 が 欲しい です。」
「たくさん の 車 が あります が、ピンク の 車 は ありません。」
「でも、弟 は ピンク が 好き です。」
「ピンク の 車 は ありません が、この 白い レクサス が あります よ。バットモービル も あります よ！ちょっと 高い です が、、、」
でも、僕 の 変な 弟 は 「その 白い レクサス も バットモービル も 見ました。でも、欲しくない です。ピンク が 好き です！」 と 言いました。僕 は ちょっと 弟 と 話しました。
「たくさん の 車 が あります が、ピンク の 車 は ありません よ。青 は 好き です か？」

8章

「青 は 好き じゃありません。僕 は グーグル に 聞きました。カナダ に ピンク の 車 が あります。カナダ に 行きたい です。」
それから、僕 と 変な 弟 は カナダ に 行きました。

弟 に 「ディーラー は どこ です か？」と 聞きました が、弟 は 「ディーラー に 行きたくない です。クレイグスリスト[1] の 人 は ピンク の 車 が あります。その 人 の 家 に 行きたい です。」と 言いました。だから、その 人 の 家 に 行きました。ピンク の 車 が 見えました が、、、僕 は 弟 に 「この 車 は 欲しくない です ね。」と 言いました。

---

[1] Craigslist is a website that allows you to buy and sell used items locally.

ピンク の 車

でも、弟 は「欲しい です。ピンク の 車 が 好き です！」と 言いました。ちょっと 変 でした が、弟 は 嬉しかった です。そして、僕 も 嬉しかった です。この ピンク の 車 は 高く なかった です。だから、買いました。

8章
眠い オリビア

今日、眠い オリビア は 学校 に 行きます。眠い オリビア は 英語 と 音楽 の クラス は 好き です が、他 の クラス が 上手 じゃありません。好き じゃありません。だから、学校 より 他 の 所 に 行きたい です。友達 と 楽しい 所 に 行きたい です。日本語 の クラス で メモ を 書きました。その メモ を 好きな 背(せ)が高い 友達 に あげました。

明日 は 週末 です。勉強したくない です。楽しい 所 に 行きたい です。どこ に 行きたい です か？

それから、オリビア の 週末 は 変 に なりました。

オリビア の 背が高い 友達 は 日本語 の 先生 に 「先生、今日、私 と オリビア は 他 の 学校 で バレーボール の ゲーム が あります。だから、その 学校 に 行きます。」と 言いました。優しい 先生 は 「グッドラック！」と

眠い オリビア

言いました。そして、オリビア と その 背が高い 友達 は、友達 の 白い 車 の 所 に 行きました。

友達 の 白い 車 で オリビア と 友達 は ちょっと 話しました。

「ケリー、私 は バレーボール を しません。バレーボール が できません。どこ に 行きますか?」

「オリビア、大丈夫 です。バレーボール の ゲーム は ありません よ。楽しい 所 に 行きますよ。」

それから、オリビア と その 友達 は たくさん の 変な 所 に 行きました。たくさん の 変な イベント が 見えました。コアラ の レース も 大きい スパゲッティ の ケーキ の コンテスト も 見えました。(スパゲッティ

8章

の ケーキ は 美味しくなかった です。）でも、オリビア は 変な 所 より 楽しい 所 に 行きたかった です。だから、友達 に 「パーティー電車 に 行きたい です。」と 言いました。
「パーティー 電車？それ は 楽しい ですか？」
「そう です よ！ユーチューブ で 見ました。」
「どこ です か？どうやって 行きます か？」
「パーティー 電車 は ディスコ パーティー ステーション に あります。車 で 行きます。」
そして、オリビア と その 友達 は ディスコ パーティー ステーション に 行きました。

パーティー 電車 は 楽しかった です が、パーティー 電車 の方が コアラ の レース と 大きい スパゲッティ の ケーキ よ り 変 でした。他 に 人 が いませんでした。週末 の パーティー は

眠い オリビア

カンガルー の ディスコ パーティー です！オリビア と 背が高い 友達 は パーティー電車 で たくさん の カンガルー と ダンス を しました。

「オリビア！オリビア！大丈夫？」
「え？何？どうやって？私 どこ に います か？」
「日本語 の クラス に います よ。」
オリビア の 優しい 日本語 の 先生 でした。オリビア は 楽しい 所 に 行きたかった です。でも、行きませんでした。日本語 の クラス に いました。

8章
優しくない フレッド

フレッド は 優しい 人 じゃありません。昨日、優しくない フレッド は ゲームセンター に 行きたかった です。だから、お母さん と 話しました。

「ママ、僕 は ゲームセンター に 行きたい です。コイン を くれます か？」

「明日、コイン を あげます。今日、妹 と ショッピングセンター に 行って下さい。」

「妹 と？？でも、妹 は 面白くない ですよ！」

「フレッド は 面白くない 妹 と ショッピングセンター に 行って下さい。」

「行きたくない です。」

「フレッド は 妹 と ショッピングセンター に 行きます！」

優しくない フレッド は 嬉しくなかった ですが、「行きます。」と 言いました。妹 は 優しく

優しくない フレッド

ない フレッド に 「どうやって 行きますか？」と 聞きました。優しくない フレッド は 「どうやって？車 が ありません よ。電車 で 行きます。」と 言いました。妹 は 嬉しかった です。電車 の方が 車 より 好き です。

優しくない フレッド は 妹に 「あ！ゲームセンター が 見えます！ゲームセンター の方が ショッピングセンター より 楽しい です ね。」と 言いました が、妹 は ちょっと 眠かった です。フレッド は 面白くない 妹 を 見ました。そして、電車 の 他 の みんな も 見ました。妹 に 「僕 は ゲームセンター に 行きます。電車 の みんな は 優しい です。だから、大丈夫 です。バイバイ。」と 言いました。

8章

そして、フレッド は ゲームセンター に 行きました。

電車 で 優しい 人 が フレッド の 妹 に 「大丈夫 です か?」と 聞きました。妹 は 「大丈夫 です。フレッド が います。」と 言いました。でも、フレッド が 見えませんでした。妹 は 「フレッド!フレッド!どこ に 行きましたか?」と 言いました が、フレッド は いませんでした。でも、大丈夫 でした。フレッド の 妹 は 好きな ショッピングセンター に 行きました。

その ショッピングセンター に たくさん の 人 が いました。妹 は 友達 が 見えました。友達 の 所 に 行きました。友達 に 「おはよう!」と 言いました。妹 は 嬉しかった です。この 友達 の 方が フレッド より 楽しい です。それ から、フレッド の 妹 は その 友達 と 友達 の お母さん と たくさん の 楽しい 所 に

37

優しくない　フレッド

行きました。たくさん の 美味しい スイーツ も 食べました。東京 ディズニーランド に も 行きました！

フレッド に は 昨日 は 楽しかった です。ゲームセンター の方が ショッピングセンター より 楽しかった です。でも、今日 フレッド の お母さん は 「フレッド と ちょっと 話したい です。」と 言いました。
「フレッド、昨日 妹 と ショッピングセンター に 行きませんでした ね。」
「行きませんでした が、妹 は 大丈夫 です よ ね。」
「そう です ね。フレッド の 妹 は 『東京 ディズニーランド は 楽しかった です！』と 言いました。だから、明日 みんな で 行きます。」
フレッド は 嬉しかった です。みんな で 電車 で 東京 ディズニーランド に 行きました。楽しかった です。フレッド は お母さん に
「ママ、ありがとう！ちょっと 高かった です よ

8章

ね。どうやって チケット を 買いました か?」と 言いました。フレッド の お母さん は 「高かった です。 でも、大丈夫 です。クリスマス に フレッド に 白い 車 を あげたかった です。でも、白い 車 を 買いません でした。この ディズニーランド の チケット を 買いました。」と 言いました。

怖い お父さん
9章

怖い お父さん

僕 に は 優しい お父さん が います。でも、僕 は お父さん が 好き じゃありません。お父さん は ちょっと 怖い です。昨日、怖い お父さん は 僕 に 「今日、テキサス に 行きましょう か?テキサス で ランチ を 食べましょう か?」と 聞きました。僕 は ランチ が 欲しかった です。だから、行きました。怖い お父さん と フライドチキン を 食べました。僕 は お父さん に 「ありがとう。美味しかった です。でも、アイダホ に も フライドチキン は ありません か?」と 聞きました。そして、怖い お父さん は 「フライドチキン?アイダホ に も フライドチキン が あり

9章

ます。でも、今日 フライド チキン を 食べませんでした よ。今日 は フライドラトルスネーク を 食べました。」と 言いました。

昨日 は 怖かった です。ラトルスネーク を 食べたくなかった です。ラトルスネーク を 見たくなかった です。でも、今日 は 一番 怖かった です。今日、怖い お父さん は 僕 に「マカオ に 行きましょう か?」と 聞きました。僕 は マカオ の 美味しい ポークチョップバン を 食べたかった です。だから、「行きましょう。でも、怖い 所 に 行きたくない です。マカオ の 怖くない 所 で 食べましょう。」と 言いました。お父さん と マカオ の 怖くない 所 で 食べました。それから、怖い お父さん は 「マカオタワー に 行きましょう!」と 言いました。マカオタワー は 高い です。338メートル です。でも、お父さん は マカオタワー の バンジージャンプ を しました。怖かった です!

怖い お父さん

僕 は 怖い お父さん に 「怖い アクティビティ が 好き です よ ね。一番 怖い 所 に 行きましょう か?」と 聞きました。お父さん は 「行きましょう!」と 言いました。怖い お父さん と 怖い エスケープルーム に 行きました。僕 は 怖い お父さん に 「ちょっと トイレ に 行きます。」と 言いました。トイレ で お母さん に メッセージ を しました。「お父さん は ちょっと 怖い です。スターバックス に 行きましょう か?」と 書きました。そして、僕 と お母さん は スターバックス に 行きました。でも、お父さん に 言いませんでした。スターバックス で お父さん に メッセージ を しました。「ごめんなさい。」と 書きました。

9章
パズル の 家族

大きい 家族 が いました。その 大きい 家族 は 難しい パズル が 好き でした。難しい パズル が 上手 でした。ロシア の パズル チャンピオン に なりたかった です。週末 は ロシア の 家族 パズル チャンピオンシップ が あります。その 家族 の 背が高い お父さん は 「みんな、おはよう。ビリー、ダイアン は ここ に います か?」と 聞きました。ダイアン は ビリー の 妹 でした。ダイアン は この 家族 で パズル が 一番 上手な 人 でした。ビリー は 背が高い お父さん に 「ダイアン は ここ に いません。変な 友達 の 家 に 行きました。」と 言いました。そして、お父さん

パズル の 家族

は 「みんな、ダイアン の 変な 友達 の 家 に 行きましょう！」と 言いました。
その 大きい 家族 は ダイアン の 変な 友達 の 家 に 行きました。でも、ダイアン も ダイアン の 変な 友達 も いませんでした。お母さん は 「ビリー、ダイアン は ここ に いません。」と 言いました。
「お母さん、ダイアン は ここ に いません。でも、いました よ。」
そして、ビリー の 弟 は ダイアン の 茶色い ブーツ を 見ました。ビリー の 弟 は 「みんな、これ は パズル です よ ね。この 家族 は パズル が 上手 です ね。」と 言いました。お父さん は みんな と 話しました。
「ビリー、ダイアン は 何時 に 行きました か？」
「7時 に 行きました。」
「家族 の 青い 車 で 行きませんでした。どう やって 行きました か？バス で 行きました か？」

「そう です。」

「ジョリーン、バス の スケジュール を 見て下さい。ダイアン は 何時 に ここ に いましたか？」

「8時 に ここ に いました。」

そして、その 大きい 家族 の 優しい お母さん は 「みんな、ここ に セキュリティ カメラ が あります。その ビデオ を 見ましょう！」と 言いました が、カメラ の ハードドライブ が ありませんでした。でも、メモ が ありました。ダイアン は コード で その メモ を 書きました。

「すでいなくたしをルズパは私。たしまき行にイワハ、らかだ。」

パズル の 家族

大きい 家族 の みんな は パズル を 見ました。お父さん は 「みんな、これ が できますね。この コード は パズル です。」と 言いました。でも、ダイアン の コード は 難しかったです。

ビリー は 「みんな、ダイアン は ハワイ に います。」と 言いました。お父さん は 「ビリー は コード が 上手 です ね。」と 言いました。でも、ビリー は コード が 上手 じゃありません。ビリー は ファインドマイフォン の アプリ を 使いました。それから、ビリー は ダイアン に メッセージ を しました。

「僕 は コード が できません。メモ に 何 と 書きました か?」

「難しい コード じゃありません でした よ。でも、みんな に 『ごめんなさい』と 言って下さい

9章

ね。私 は パズル が 上手 です が、好き じゃありません よ。」

「すでいなくたしをルズパは私。たしまき行にイワハ、らかだ。」

「私 は パズル を したくない です。だから、ハワイ に 行きました。」

弟と妹のアート

グレッグ は 家族 が 好き です。でも、昨日、グレッグ は 妹 と 弟 が 好き じゃありませんでした。昨日、2時13分 に 弟 は グレッグ の プレイステーション を 使いました。グレッグ は 弟 に 「ここ は 僕 の ベッドルーム です！それ は 僕 の プレイステーション ですよ！」と 言いました。弟 は 「え？これ は グレッグ の プレイステーション です か？ごめんなさい。」と 言いました。グレッグ は 嬉しく なかった です が、大丈夫 でした。弟 には グレッグ の プレイステーション の ゲーム は 難しい です。弟 は ゲーム が できませんでした。

9章

昨日、5時31分に グレッグ の 妹 は グレッグ の 白い タブレット を 使いました。グレッグ は 妹 に **「それ は 僕 の タブレット です。どうやって アンロック できました か？」**と 聞きました。妹 は 「ごめんなさい。でも、グレッグ、『グレッグ の タブレット』 は 難しい パスワード じゃありません よ。」と 言いました。

それから、グレッグ は タブレット に も ベッドルーム に も プレイステーション に も シャーピー で **「グレック！」**と 書きました。

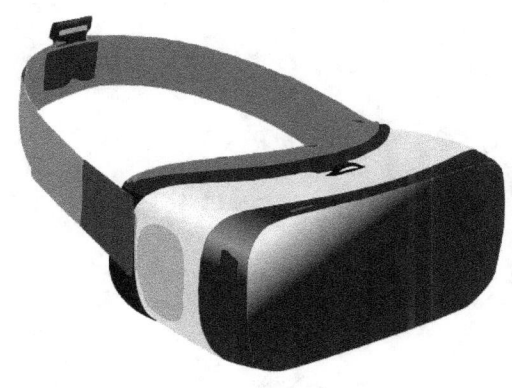

今日 の 1時25分 に グレッグ の 友達 は グレッグ に テキスト を しました。「今日、VRカフェ の 一番 難しい ゲーム を したい です。2時に VRカフェ で 会いましょう か？」

弟と妹のアート

グレッグ は 妹 も 弟 も 見えました。キッチン に いました。グレッグ は 嬉しかった です。プレイステーション も タブレット も 大丈夫 でした。それから、グレッグ は グレッグ の 高い 車 で VRカフェ に 行きました。妹 は それ が 見えました。

妹 は 弟 に 「楽しい アート を しましょうか?」と 言いました。それから、妹 も 弟 も グレッグ の ベッドルーム で アート を しました。グレッグ の 好きな プレイステーション と タブレット に アート を しました。妹 は 青い ペイント を 使いました。弟 は 茶色い ペイント を 使いました。アート が 上手 じゃありませんでしたが、大丈夫 でした。昨日、グレッグ は 優しくなかった です。これ は 優しくない

9章

グレッグ の プレイステーション と タブレット です。

3時13分 に グレッグ は 妹 と 弟 に テキスト を しました。

「僕 は テレビゲーム が 上手 です！ここ の 一番 難しい ゲーム が できました。だから、VR カフェ は 僕 に プレイステーション も タブレット も くれます よ。」

昨日、弟 が グレッグ の プレイステーション を 使いました。だから、グレッグ は その 茶色い プレイステーション を 弟 に あげます。妹 は グレッグ の タブレット を 使いました。だから、妹 に 青い タブレット を あげます。

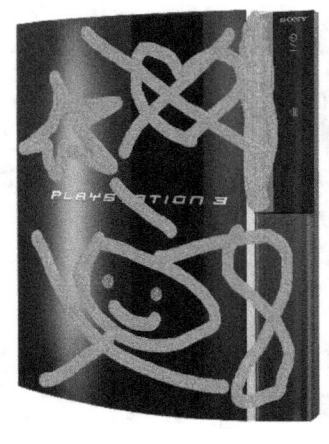

クレジットカード

私 は 怖い 人 に 会いたくない です。でも、怖い 人 が たくさん います。私 の 家族 の みんな は 怖い です。そして、家族 より 私 の 学校 の 学生 の方が 怖かった です。でも、一番 怖い 人 は 私 の ボス です。

昨日、その 怖い ボス は 私 の ランチ を 食べました。私 は ボス に 「私 の ランチ を 食べました か?」と 聞きました が、ボス は 「食べませんでした。」と 言いませんでした。「ごめんなさい。僕 の ランチ を あげます。」と 言いませんでした。私 の ボス は 「美味しかった です。」と 言いました。

9章

今日、私 は ちょっと 嬉しかった です。11時 20分 に その 怖い ボス は 「みんな、今日、みんな で ランチ を 食べましょう か?僕 は みんな の ランチ を 買います。」と 言いました。ランチ は 美味しかった です。だから、嬉しかった です。そして、私 の ボス は 私 に クレジットカード を くれました。

ボス は 私 に 「エマ、ありがとう。エマ は みんな の ランチ を 買いました。明日 も しましょう。」と 言いました。え?!私 の クレジットカード でした。私 の ボス は 私 の クレジットカード を 使いました か?私 の

クレジットカード で みんな の ランチ を 買いました か?私 は ネット で クレジットカード の ステートメント を 見ました。今日 の 11時34分 に 高い レストラン で チャージ が ありました。$546 でした!!!!

クレジットカード

それから、ボスの所に行きました。その怖いボスに「ボス、昨日のランチも、今日のランチも面白かったですね。今日、7時に私とレストランで食べましょうか？」と聞きました。ボスは「僕はエマのディナーを買いませんよ。」と言いました。でも、私は「大丈夫です。私のクレジットカードを使います。7時にレストランで会いましょう。」と言いました。それから、私は他のみんなとちょっと話しました。

7時にレストランでボスに会いました。ディナーは美味しかったです。7時45分に背が高い女の人がボスに「ミスターブラウンですか？」と聞きました。
「はい、僕はミスターブラウンです。」
「私はFBIです。ミスターブラウンのバッグはどこですか？」
「え？FBI？僕のバッグはここです。」

9章

ボス の バッグ に クレジットカード が たくさん ありました。
「ミスター ブラウン、サリー ラッセル と ジェリー ヒッギンズ は 誰 です か?」
「え?誰?」
「ここ に サリー ラッセル と ジェリー ヒッギンズ の クレジットカード が あります。他 の 人 の クレジットカード も たくさん あります。」
「え?どうやって?」
私 の ボス は FBI の 背が高い 人 と FBI の 車 に 行きました。私 は 友達 の 家 に 行きました。

その 友達 に 「できました よ!」と 言いました。友達 は 「え?できました か?どうやって できました か?」と 聞きました。でも、難しくなかった です。他 の みんな も その 怖い ボス が 好き じゃありません。だから、みんな は 私 に クレジットカード を くれました。私

クレジットカード

は 友達 に 「私 は みんな に 『ありがとう!』と 言いたい です。みんな で ラスベガス に 行きましょう か?」 と 言いました。
「え?それ は 高くない です か?」
「高い です が、 大丈夫 です。ボス の クレジットカード を 使います。」
「え?ボス は エマ に クレジットカード を あげました か?」
「くれませんでした が、、、、」
それから、私 は みんな に メッセージ を しました。

「みんな、今日 は ありがとうございます。みんな で ラスベガス に 行きましょう!11時 に エリカ の 家 で 会いましょう!」

10章

englishgenius

お姉さん は 私 より 頭がいい です。私 は 頭がいい お姉さん の ベッドルーム で 英語 の 宿題 を します。お姉さん は 私 の 宿題 に メモ を 書きます。
「これ は ちょっと 良くない です。ここ は 大丈夫 です が、面白く ない です。」
私 は その メモ を 見ます が、英語 の 宿題 を したくない です。だから、お姉さん に 「ごめんなさい。私 は 頭が良くない です。この 宿題 が できません。」と 言います。そして、お姉さん は 私 の 宿題 を します。でも、今日、 お姉さん は 「私 は この 宿題 を しません！」と 言いました。

それから、私 は たくさん の 友達 に メール を しました。
「みんな、どこ で 英語 の レポート を 買います か？私 は 書きたくない です。」
グーグル に も 「どこ で 英語 の レポート を 買います か？」 と 聞きました。たくさん の ウェブサイト が ありました。ウェブサイト に たくさん Eメール の アドレス が ありました。englishgenius@cheatmail.com に メール しました。
ちょっと 高かった です が、嬉しかった です。englishgenius は いい レポート を 書きました。お姉さん より 頭がいい です。

私 は englishgenius の レポート を ちょっと 怖い 英語 の 先生 に あげました。それから、ランチ を 食べたかった です が、怖い 英語 の 先生 は 「アンガス、ちょっと 話したい です。」 と 言いました。

10章

「アンガス、上手 に なりました ね。これ は クラス で 一番 いい レポート でした。」
「そう です か？ありがとうございます。」
「でも、アンガス が 書きませんでした ね。」
「え！？私 は その レポート を 書きました よ！」
「どうやって 上手 に なりました か？」
「お姉さん と 勉強しました。難しかった です が、いい レポート を 書きました ね。」
「アンガス は この レポート を 書きませんでした。だから、アンガス の マーク は ０％ です。明日、アンガス の お母さん と お父さん と 話したい です。」
それから、私 は デイリークイーン で 友達 に 会(あ)いました。友達 に 「明日、私 の 怖い 英語 の 先生 は お母さん と お父さん と 話します！」と 言いました。友達 は 「その 怖い 英語 の 先生 です か？」と 聞きました。

私 の 英語 の 先生 も デイリークイーン に いました！友達 は 「先生 の 車 が 見えました か?」と 聞きました。
「見えました。その 茶色い 車 です ね。」
「バンパーステッカー も 見えます か?」
「バンパーステッカー も 見えま、、、、」
バンパーステッカー は 大きくなかった です が、見えました。

10章
ルーク の 宿題

今日 は 週末 です。だから、学校 に 行きません。楽しい 友達 の 家 に 行きます。僕 は 楽しい 友達 の ジェットパック を 使います！お母さん に 「おはよう。今日、友達 の 家 に 行きたい です。いい です か？」と 聞きました。

「友達 の 家？でも、ルーク は 宿題 が たくさん あります よ ね？」

「そう です ね。だから、頭がいい 友達 の 家 に 行きたい です。 宿題 を しに行きます よ。」

「それ は いい です ね。行って下さい。私 の 車 を 使います か？」

ルークの宿題

「いい です か？ありがとうございます！使いたい です。」
僕 は お母さん の 茶色い ホンダ が 好き じゃありませんでした。僕 は テスラ が 欲しかった です。でも、お母さん の 茶色い ホンダ は 電車 より いい です。

お母さん は ちょっと 怖い です。だから、頭が いい 友達 の 家 に 宿題 を しに行きました。でも、その 次、僕 の 楽しい 友達 の 家 に 行きました。その 楽しい 友達 に 「ジェットパック を 使いたい です。くれます か？」 と 聞きました。友達 は 僕 に くれませんでした が、友達 は「バックヤード で ちょっと 使いましょう か？」と 聞きました。僕 は 嬉しかった です！「使いましょう！」と 言いました。
友達 と バックヤード に 行きました。そして、友達 は ジェットパック を 使いました。それから、僕 が 使いました。友達 に 「これ、どうやって 使います か？」と 聞きました。

１０章

「難しくない です よ。ルーク は できます よ。」
僕 は できました！でも、コントロール が でき ません でした。友達 に 「コントロール できません！どうやって します か？」と 聞きました が、友達 が バックヤード に いませんでした！どこ に 行きました か！？

僕 は ジェットパック を コントロール できませんでした。僕 は ジェットパック が 好きな 所 に 行きました。学校 に 行きました。その 次 に、スーパー に 行きました。その 次 に、青い 家 に、、、、、ああ！！それ は 僕 の 家 です！ そして ジェットパック は 僕 の 家 に クラッシュ しました！僕 の 怖い お母さん は クラッシュ が

ルーク の 宿題

見えました！

「ルーク、、、、宿題 を しに行きました よ ね。」

「宿題、、、、、、そう です ね。これ は 僕 の ロボティクス の 宿題 でした。」

「良かった です！これ は 宿題 でした。だか ら、ルーク の 先生 が この 家 の リノベー ション を します ね。明日 先生 と 話しに行 きます。」

僕 の 怖い お母さん は 学校 に 行きます！僕 は 友達 に メッセージ を しました。

「僕 の 家 に クラッシュ しました！どうやって メキシコ に 行きます か。それとも、ヴェネズエラ の方 が いい です か？」

10章
食べに行きましょう！

今日、私は 家族 と ブランチ を 食べに行きます。お姉さん も お母さん も お父さん も 好きな ブランチ の 所 が あります。お姉さん は「私 の 好きな 所 の パンケーキ は カナダ で 一番 美味しい パンケーキ です。」と 言いました。次 に お母さん が「そこ も いい です が、私 の 好きな 所 の方が 美味しい です よ。」と 言いました。次 に お父さん は「そこ も いい です が、私 の 好きな 所 は 高くない です よ。」と 言いました。私 は 好きな 所 が ありません。だから、「みんな の 好きな 所 に 行きましょう！」と 言いました。

マジック ヘッドホン

お姉さん の 好きな 所に パンケーキ を 食べに行きました。お姉さん は 「美味しい ですよ ね?」と 聞きました。私 は 「まあまあ です。お母さん の パンケーキ の方が 美味しいです。」と 言いました。次 は お父さん が 言いました。

「この メニュー を 見て下さい!ここ は 高い です よ。その パンケーキ は ＄６０ です よ。あの 人 の ワッフル が 見えます か?あの ワッフル は ＄１００ です よ!」
でも、私 は ラッキー でした。私 の パンケーキ に ガラス が ありました。だから、みんな の ブランチ は ＄０ でした。

次 に お母さん が 好きな 所 に 食べに行きました。お母さん は 「ここ の フレンチトースト は 美味しい です よ。」と 言いました。だから、私 は フレンチトースト を 食べました。お母さん は 「その フレンチトースト は 美味しい です か?」と 聞きました。

10章

「いいえ。美味しくない です よ。これ は ちょっと 変 です。」
「ココナッツ フレンチトースト です よ。ココナッツ が 好き じゃありません か?」
「私 は ココナッツ が 好き じゃありません よ!ココナッツ の アレルギー が あります よ!」

それから、みんな で クリニック に 行きました。そこ で 一番 いい ブランチ を 食べました。お母さん は 「ごめんなさい。」と 言いました が、私 は 「大丈夫 です。この プディング は 美味しい です よ。」と 言いました。そして お父さん は 「ここ は いい です ね。一番 高くない ブランチ の 所 です ね。」と 言いました。私 は 「え?ここ は 高くない です か?」と 聞きました。お父さん は 「高くない です。ここ は カナダ です よ。そ

の プディング は ＄0 です!」と 言いまし
た。
の<ruby>マジック<rt>　</rt></ruby> ヘッドホン

10章
マジック ヘッドホン

私 は まあまあ 頭がいい です。 勉強 も 宿題 も 好き です。でも、テスト は できません。昨日 は 日本語 の テスト が ありました。だから、たくさん 勉強しました。私 は 日本語 が まあまあ 上手 です。でも、テスト が 怖い です。あの 楽しい 日本語 の クラス は 怖い テスト の 所 に なります。

昨日 の テスト は 8時35分 に しました。

だから、5時 に 学校 に 勉強しに行きました。テスト は 難しくなかった です が、私 の マーク は 10% でした。私 は 友達 より 日本語 が 上手 です が、その 友達 の マーク は 80% でした。他 の 学生 も 私 より いい マーク でした。12時 に 私 の 友達 は カフェテリア

でランチを食べました。私もそこに行きました。

「ジリアン、どうやって 80% できました か？日本語 が 上手 じゃありません ね。」

「上手 に なりたくないです。日本語 が 好き じゃありません。」

「どうやって 80% できました か？フラッシュカード を 使いました か？アプリ を 使いました か？」

「いいえ。クレジットカード を 使いました。テスト を 買いました よ。高くなかった ですよ。」

私 は その 友達 の テーブル を キック しました。テスト を 買いました か？私 は たくさん 勉強しました！

それから、私 は 頭がいい お姉さん と

10章

話しに行きました。
「お姉さん、どうやって 90% できました か？私 は テスト が できません！」
「私 は コミュニティセンター で 勉強します。」
「あの 楽しくない コミュニティセンター に 何 が あります か？」
「そこ の ボランティア は 日本語 の 先生 の 友達 です よ。私 に テスト を くれました。」
次 は 弟 と 話しに行きました。
「ケン、テスト が できます よ ね。どうやって？怖くない です か？」
「怖かった です が、お父さん は マジックヘッドホン を くれました。その マジックヘッドホン で 音楽 を 聞きます。そして、リラックス できます。だから、テスト が 怖くない です。」
「あの ヘッドホン です か？」
「そう です が、、、」

マジック　ヘッドホン

「ありがとうございます！」

弟は私にくれませんでしたが、このヘッドホンを使います。英語のテストで使います。

私は学校に行きました。私は英語のテストがあります。英語を勉強しませんでしたが、大丈夫です。

マジックヘッドホンを使います。テストが怖くなかったです！ちょっと難しかったですが、マジックヘッドホンがありました。でも、大丈夫じゃありませんでした。私のマークは55％でした。英語の先生と話しに行きました。

「先生、私のマークは55％ですか？」

「そうですね。英語が上手じゃありませんね。どうやって勉強しましたか？」

１０章

「勉強しません でした。でも、マジックヘッドホン が あります！」

「マジックヘッドホン？？」

「そう です。私 は 怖い テスト が できません。だから、勉強しませんでした。私 の 弟 の マジックヘッドホン を 使いました。」

「でも、日本語 の テスト は １００％ できました ね。」

「え？１０％ でした。」

「ああ、、、メール を チェックして下さい」

そこ で メール を チェック できませんでした。だから、日本語 の 先生 と 話しに行きました。

「先生、私 の マーク は １０％ でした ね。」

「え！？１０％ じゃありませんでした よ。メール を 見ませんでした か？」

「１０％ じゃありません か？」

「ごめんなさい、テスト の マーク は １０％ じゃありませんでした。１００％ でした よ。」

ひらがな・漢字　Glossary

(Katakana in separate glossary in the back)

あ

あ！　A!
ああ！！　Aa!!
会いたい　To want to meet
会いたくない　To not want to meet
会いに行きましょう　Let's go to meet
会いに行きません　To not go to meet
会いました　Met
会いましょう　Let's meet
会います　To meet
青（い）　Blue
青かった　Was blue
あげたい　To want to give
あげたかった　Wanted to give
あげたくない　To not want to give
あげました　Gave
あげます　To give
明日　Tomorrow
頭　Head
頭がいい　Smart
頭が良くない　Not smart
あの　That
ありがとう（ございます）　Thank you
ありました　There was / Had(object)
あります　There is / To have (object)
ありません　There isn't / To not have (object)

い

いい　Good
いいえ　No
言いたい　To want to say
言いたかった　Wanted to say
言いました　Said
言いません　To not say
家　House
行きたい　To want to go
行きたかった　Wanted to go
行きたくない　To not want to go
行きたくなかった　Didn't want to go
行きました　Went
行きましょう　Let's go
行きます　To go
行きません　To not go
一番　Number 1/ the most
行って下さい　Please go
言って下さい　Please say
いました　There was (person/animal)
います　There is(person/animal)
いません　There isn't (person/animal)
妹　Younger sister

う

嬉しい　Happy
嬉しかった　Was happy
嬉しくない　Not happy
嬉しくなかった　Wasn't happy

え

え！？　What!?
英語　English
ええ！！？？　Whaat!!??
えええ？　Whaaat?

お

美味しい　Delicious

ひらがな・漢字(かんじ) Glossary

美味しかった　Was delicious
美味しくなかった　Wasn't delicious
大きい　Big
大きくない　Isn't big
大きくなかった　Wasn't big
お母さん　Mother
沖縄　Okinawa
お父さん　Father
弟　Younger brother
男の子　Boy
男の人　Man
お兄さん　Older brother
お姉さん　Older sister
おはよう（ございます）Good morning
面白い　Interesting/Funny
面白かった　Was interesting/Funny
面白くない　Isn't interesting/Funny
面白くなかった　Wasn't interesting/Funny
音楽　Music
女の子　Girl
女の人　Woman

か
か　? / (Question particle)
が　(subject particle)
が、　But,
買いたい　To want to buy
書いて下さい　Please write
買いに行きました　Went to buy
買いに行きましょう　Let's go to buy
買いに行きます　To go to buy
買いました　Bought
買います　To buy
買いません　To not buy
書きたくない　To not want to write
書きました　Wrote
書きます　To write
書きません　To not write
学生　Student
家族　Family
学校　School

き
聞きました　Asked / Listened
聞きます　To ask / to listen
昨日　Yesterday
今日　Today
京都　Kyoto

く
下さい　Please
車　Car
くれました　Gave
くれます　To give
くれません　To not give

け
芸者　Geisha
元気（な）Energetic / Healthy

こ
ここ　Here
この　This
ごめん（なさい）　Sorry
これ　This
怖い　Scary
怖かった　Was scary
怖くない　Isn't scary
怖くなかった　Wasn't scary

さ
札幌　Sapporo
さん　Mr./Mrs/Ms.

し
時　O'clock
したい　To want to do

ひらがな・漢字 Glossary

したかった　Wanted to do
したくない　To not want to do
して下さい　Please do
しに行きました　Went to do
しに行きます　To go to do
しました　Did
しましょう　Let's do
します　To do
しません　To not do
じゃありません　Isn't / Aren't
週末　Weekend
宿題　Homework
上手（な）Good at
白（い）White

す
好き（な）To like

せ
背が高い　Tall
背が高くない　Not tall
先生　Teacher

そ
そう　です　Yes/That's right
そこ　There
そして　And then
その　That
それ　That
それから　After that

た
大丈夫　Okay
高い　High / expensive
高かった　Was high / expensive
高くない　Isn't high / expensive
高くなかった　Wasn't high / expensive
だから　Therefore
たくさん　Many
楽しい　Fun
楽しかった　Was fun

楽しくない　Isn't fun
楽しくなかった　Wasn't fun
食べたい　To want to eat
食べたかった　Wanted to eat
食べたくなかった　Didn't want to eat
食べて下さい　Please eat
食べに行きました　Went to eat
食べに行きましょう　Let's go to eat
食べに行きます　To go to eat
食べました　Ate
食べましょう　Let's eat
食べます　To eat
食べません　To not eat
誰　Who

ち
茶色（い）Brown
ちょっと　A little

つ
使いたい　To want to use
使いました　Used
使いましょう　Let's use
使います　To use
使いません　To not use
次　Next

て
で　At / Using
できました　Was able to do
できます　To be able to do
できません　To not be able to do
でした　Was / Were
です　Is / Am / Are
でも　But
電車　Train

と
と　And / (Quotation particle)
東京　Tokyo
東京タワー　Tokyo Tower

ひらがな・漢字 (かんじ) Glossary

どうやって How
どこ Where
所 Place
友達 Friend

な
なかぐすく Nakagusuku
何 What
なりたい To want to become
なりたかった Wanted to become
なりたくない To not want to become
なりました Became
なります To become
なりません To not become
何時 What time

に
に to / at / in
日本 Japan
日本語 Japanese

ね
ね Right?
眠い Sleepy
眠かった Was sleepy

の
の (possesive particle) / 's
の方が more

は
は (topic marker)
話したい To want to talk
話に行きました Went to talk
話に行きます To go to talk
話しました Talked
話します To talk
話しません To not talk
ははは hahaha

ひ
日 Day
人 Person

ふ
分 Minute

へ
変（な） Strange
勉強 Study
勉強したい To want to study
勉強したくない To not want to study
勉強して下さい Please study
勉強しに行きました Went to study
勉強しました Studied
勉強します To study
勉強しません To not study

ほ
他（の・に） Other
僕 I (male)
欲しい To want
欲しかった Wanted
欲しくない To not want

ま
まあまあ So-so
まだ Still / Not yet

み
見えました Could see
見えます Can see
見えません Can't see
見たくなかった Didn't want to look/watch
見て下さい Please look/watch
見に行きましょう Let's go to look/watch
見に行きます To go to look/watch
見ました Looked/Watched
見ましょう Let's look/watch
見ます To look/watch
見ません To not look/watch

ひらがな・漢字 Glossary

みんな　Everyone

む
難しい　Difficult
難しかった　Was difficult
難しくない　Isn't difficult
難しくなかった　Wasn't difficult

も
も　Also

や
優しい　Kind / Gentle
優しかった　Was kind/gentle
優しくない　Isn't kind/gentle
優しくなかった　Wasn't kind/gentle

よ
よ　(exclamation particle) / !
よかった　Was good / I'm glad
良くない　Not good
より　than

わ
私　I

を
を　(direct object marker)

カタカナ Glossary

Eメール　Email
VRカフェ　Virtual Reality Cafe

ア（あ）
アート　Art
アイダホ　Idaho
アクティビティ　Activity
アドレス　Address
アプリ　App (phone/computer app)
アマゾン　Amazon
アレルギー　Allergy
アンガス　Angus
アンロック　Unlock

イ（い）
イベント　Event
イマージェンシー　Emergency
インド　India

ウ（う）
ウィー　Wii
ウィースポーツ　Wii Sports
ウィナー　Winner
ウィル（スミス）　Will (Smith)
ヴェネズエラ　Venezuala
ウェブサイト　Website

エ（え）
エスケープルーム　Escape room
エマ　Emma
エリカ　Erika

オ（お）
オーケー　Okay
オフ　Off
オリビア　Olivia

カ（か）
カナダ　Canada
カフェ　Cafe
カフェテリア　Cafeteria
カメラ　Camera
ガラス　Glass
カレー　Curry
カンガルー　Kangaroo

キ（き）
キックしました　Kicked
キャンセル　Cancel

ク（く）
グーグル　Google
グッドラック　Good luck
クラス　Class
クラッシュ　Crash
クリスマス　Christmas
クリニック　Clinic
クレイグスリスト　Craigslist
クレジットカード　Credit Card
グレッグ　Greg
クレヨン　Crayon

ケ（け）
ケーキ　Cake
ゲーム　Game
ゲームセンター　Game center
ケリー　Kelly
ケン　Ken

コ（こ）
コーチ　Coach
コード　Code
コアラ　Koala
コイン　Coin
ココナッツ　Coconut(s)
コスチューム　Costume
コミュニティセンター　Community Center
ゴルフ　Golf
コンサート　Concert
コンソール　Console

79

Katakana Glossary

コンテスト　Contest
コントロール　Control

サ（さ）
ザ・マトリックス　The Matrix
サッカー　Soccer
サリー　ラッセル　Sally Russell

シ（し）
ジェットパック　Jet pack
ジェリー（ヒッギンズ）　Jerry (Higgins)
シャーピー　Sharpie
ショッピング　Shopping
ショッピングセンター　Shopping Center
ジョリーン　Jolene
ジョン　Jon
ジリアン　Gillian

ス（す）
スーパー　Supermarket
スイーツ　Sweets
スカウト　Scout
スケジュール　Schedule
スターバックス　Starbucks
ステーション　Station
ステートメント　Statement
ストーリータイム　Storytime
ストップ　Stop
スナック　Snack
スパゲッティ　Spaghetti
スポーツ　Sports

セ（せ）
セーター　Sweater
セールスマン　Salesman
セキュリティ　Security

ソ（そ）
ソンブレロ　Sombrero

タ（た）
ダイアン　Diane
タブレット　Tablet
タワー　Tower
ダンス　Dance

チ（ち）
チーム　Team
チェックして下さい　Please check
チケット　Ticket
チャージ　Charge
チャンピオン　Champion

テ（て）
テーブル　Table
ディーラー　Dealer
ディスコ　Disco
ディズニーランド　Disneyland
ディナー　Dinner
テイラー（スウィフト）　Taylor (Swift)
デイリークイーン　Dairy Queen
テキサス　Texas
テキスト　Text
テスト　Test
テスラ　Tesla
テレビゲーム　Video game

ト（と）
トイレ　Toilet / Washroom
ドクター　Docter
ドル　Dollar

ニ（に）
ニンテンドー　Nintendo

ハ（は）
パーティー　Party
ハート　Heart
ハードドライブ　Hard drive
ハーバード　Harvard
パーマネント　Permanent

カタカナ Glossary

バイバイ Bye Bye
バス Bus
バスケットボール Basketball
パズル Puzzle
パスワード Password
バッグ Bag
バックヤード Backyard
バットモービル Batmobile
バレーボール Volleyball
ハワイ Hawaii
パンケーキ Pancake
バンジージャンプ Bungee Jump
バンド Band
バンパーステッカー Bumper sticker

ヒ（ひ）
ピザ Pizza
ビデオ Video
ビリー Billy
ピンク Pink

フ（ふ）
ブーツ Boots
ファインドマイフォン Find my phone
フィン Finn
プディング Pudding
フライドチキン Fried Chicken
ブラウン Brown(name)
フラッシュカード Flashcard
ブランチ Brunch
プレースマット Placemat
プレイステーション Playstation
プレゼント Present
フレッド Fred
フレンチトースト French Toast
プロ Pro

ヘ（へ）
ページ Page
ペイント Paint
ヘッドホン Headphone
ベッドルーム Bedroom

ホ（ほ）
ポークチョップバン Porkchop bun
ボス Boss
ボランティア Volunteer
ホンダ Honda

マ（ま）
マーカー Marker
マーク Mark
マカオ Macao
マカオタワー Macao Tower
マジックヘッドホン Magic Headphones
マックブック Macbook
ママ Mama
マリーナ Marina

ミ（み）
ミア Mia
ミスター ブラウン Mister Brown

メ（め）
メーガン Megan
メートル Meter
メール mail / email
メキシコ Mexico
メッセージ Message
メニュー Menu
メモ Memo

ユ（ゆ）
ユーチューブ Youtube
ユニフォーム Uniform

ラ（ら）
ライト Light
ライブ Live
ラジオ Radio
ラスベガス Las Vegas
ラッキー Lucky

Katakana Glossary

ラトルスネーク　Rattlesnake
ランチ　Lunch

リ（り）

リノベーション　Renovation
リラックス　Relax

ル（る）

ルーク　Luke
ルーム　Room

レ（れ）

レース　Race
レクサス　Lexus
レストラン　Restaurant
レッスン　Lesson
レポート　Report
レポートカード　Report Card

ロ（ろ）

ローマ　Rome
ロシア　Russia
ロブ　Rob
ロボティクス　Robotics

ワ（わ）

ワッフル　Waffle

www.ingramcontent.com/pod-product-compliance
Lightning Source LLC
Chambersburg PA
CBHW071508070526
44578CB00001B/477